AF463563

Ymago. Figura. Seu. Repreſentatio.
Anticripſti. Peſſimi. Apoea. xiii Capi.

Ymago. Figura. Seu. Repreſentatio.
Anticripſti. Peſſimi. Apoca. xiii Capi.

¶ De turpissima cõceptione/ natiuitate et alijs pstagijs diabolicis illi⁹ pessimi hoĩnis anticripsti.

Anticripstus secundum sãctos doctores generabit/ cõcipiet/ et nascetur ĩ babilonia/ q̃ est mater fornicationũ. Appocalipsis decimo sexto capitulo. Babilõ magna mater fornicationum ex turpissima incestuosa fornicatione matris et sue filie per operationẽ sathane. secundo ad Tessalonicenses. ij. capit̃lo Cui⁹ aduentus scilicet anticripsti scd̃m operationẽ sathane et erit in cõcupicentia feminarũ. Daniel̃. xj. capit̃lo. Nascet equidẽ ãticrĩps ex semĩe iudeorum de tribu dan. Genesis quadragesimo nono capitulo Fiat dan coluber in via serastes in semita mordens vngulas equi. Ut cadat ascensor retro salutare tuũ idest iudiciũ tuũ expectabo domine. Et ideo tribus dã non ponit in cathalogo sanctorum neq; in numero signatorũ in detestationem pessimi anticripsti

¶ Babilon ciuitas magna mater fornicationum. Appocalipsis decimo capitulo

¶ En francois.

¶ En babillonne la cite
Ung paillart iuif abhoiable
De luxure fors excite
Par la temptacion du dyable
Cõgnoistra cõe iuif dãnable
Charnellement sa propre fille
Dõt naistra le faulx miserable
Antecrist selõ leuãgile. (Ble

Turris.
Babilonie.

¶ Iste sunt auctorita tes sāctoꝝ doctoꝝ de ad uentu cristi ad iuditiū/ Cum horribili p̄eambulo ⁊ malicia illi⁹ pessimi hominis anticripsti

Signa tribilia que p̄cedēt aduētuz xp̄i ad iudiciū cū p̄eābulo horribili et malicia illi⁹ pessimi hoīs anticripsti Plene designant ore nostri piissimi redēptoris ihesu xp̄i. Luce xxj.c. Erūt signa in sole ⁊ luna stellis ⁊ ī terris p̄essura gētiū p̄e ꝯfusione sonit⁹ maris et fluctuū arescētib⁹ hominib⁹ p̄e timore ⁊ expectatione que superuenient vniuerso orbi Etiā Mathei.xxiiij. ca. Erit tūc talis tribulatio qualis nō fuit ab inicio mūdi neq; fiet. Et nisi abbreuiati essēt dies illi nō fieret salua oīs caro sz p̄pter electos breuiabunt dies illi Danielis.xij.ca. Veniet tunc tēpus quale nō fuit ab eo quo gentes esse ceperūt vsq; ad tēpus illud Hieronimus in annalib⁹ hebreoꝝ ponit signa q̄ndecim. ⁊ etiā alij doctores q̄ signa satis patēt ītuēti ⁊c. De die aūt ⁊ hora iudicij nemo scit neq; āgeli celoꝝ nisi p̄ sol⁹ Mathei xxiiij.c Et etiā isaye.lxiij.ca Dies enī vltionis ī corde meo ann⁹ retributiōis mee venit ¶ En frācoys

O crestiēs q̄ desires sa gloire
De dieu eternelle auoir
Employz cy sens et memoire
Sil vo⁹ plaist q̄ po⁹rez sauoir
Cōme lātecrist vēra de voir
Vers la fin de ce present mōde
Po⁹ plusieurs ames decevoir
Et dammer en fosse parfonde

Ymago. Figura. Seu. Repreſentatio.
Anticripſti. Peſſimi. Apoca. xiiii Capi.

Nticripstus vt dicunt Augustin⁹ iheronimus Remigius ⁊ Gregorius vicesimo secundo moralis super verbo illo Stringit behemoth caudam suã quasi cedrum a diabolo qui soluitur de carcere suo cõfouebitur occupabitur ⁊ inclinabitur ad omne malum Nõ quidã vi et violentia sicut in demoniacis Sed p sua voluntate et libero arbitrio quia totã maliciam suam dyabolus per anticripstum exercebit Et in etate adolescẽtie ipsum valde eleuabunt in potentia ⁊ temporali dignitate ⁊ astriget maxima duritia et feritate. Ecclesiastici. iiij. capitulo. Vidi cunctos sub sole ambulantes cum adolescẽtie secũdo Glosa. scilicet anticripsto. Primus adolescẽs ĩ bonum fuit cristus. Secundus adolescens ĩ maluz erit anticripstus Hee sunt gentes malachite nutrientes anticripstum. Hee sunt gentes babylonie nutrientes anticripstũ

En francois.

En deux cites nourry sera
Maudit soit le filz de putain
Bethsayda se nommera
Lune/lautre corrozain
Tant du peuple malachitin
Comme des babiloniens
Ce tesmoigne sait augustin
Et dautres docteurs anciens.

Gethſayda. Corro. Soahym.

Anticripst⁹ scdz beatos Jheronimũ Gregoriũ. Thomã de aquino in prima pte et certos doctores a priñcipio sue ꝯceptiõis ⁊ natiuitatis sicut ceteri homines hẽbit angelũ bonũ ad sui custodiã delegatũ. Veruntñ qñ incipiet malicia uti erit pessim⁹ oĩbus flagitijs plenus. Supbus plusq̃ lucifer. Et eo plenit⁹ ĩ malicia obstĩato fugiet angel⁹ custos ab eo. Et angelorum bonorum auxilio priuabitur. Anticripstus/ut dicit beatus Metho/martyr. Augustin⁹ li. d̃ ci. dei. Frãcisc⁹ de mayro ⁊ ceteri doctores Nutrietur a babilonijs ⁊ malachitis ĩ ciuitate corrozain ⁊ bethsayda ⁊ regnabit in capharnaum ⁊ ideo dicit Augustinus ubi supra Istis tribus ciuitatibus maledcit crist⁹. Luce x. c. Ve tibi corrozain Ve tibi bethsayda/q̃a si in thiro ⁊ sidone hec signa facta fuissent q̃ ĩ te facta sunt ĩ cilitio ⁊ cinere penitẽtiã egissent. Ve tibi capharnaũ usq3 ad celũ exaltata in infernũ demergẽs ĩ pfundũ lacci Babilonia ciuitas magna mater fornicationum. Appo. xvij. ca.

En francois.

Et cõbien q̃ d̃ la mauldicte
Lignee de dan soit il extrait
Si aura il pour sa conduite
Ung bon ange lautre impfait
Mais par son dãnable attrait
Et nature trop miserable
Aux dyables fera son retrait
Delaissãt son ange sauuable

Iurris.
·Babilonie

Ancicripst⁹ trahet ad se magnã partẽ stellaꝝ/ q̃a plurimos p minas ꝛ mortẽ atrociter prosternendo Alios p dona ꝛ potẽtiã ad terrena idu cẽdo Apo.xiij.c. Et data est ei potestas ĩ oẽm tribũ populũ ꝛ gẽtẽ Daniel vij ca Considerabam cornua decẽ Et esse cornu aliđ puulũ ortũ est Glosa scilz anticripstus de medio eorũ Et tria de cornibus primus emulsa sunt a facie eius/ Et esse oculi quasi oculi hominis in cornu isto Et os loquẽs ingẽtia Aspiciebãt donec throni positi sunt ꝛ antiquus dierũ sedit Et sequitur milia miliũ ministrabant ei Et decies cẽtena milia assistebãt ei Judiciũ sedit et libri aperti sũt Hec Daniel septimo capitulo Nã anticripst⁹ scđm prophetiã Danielis septimo capitľo Et apppcalipsis xiij capitulo Et ĩ hystoria scholastica dicitur q̄ euellet tres reges ĩ oriẽte scilz Affrice egypti ethiopie quos interficiet Septẽ autẽ reges alij anticripsto subiugabũt Et oẽs reges terre anticripst⁹ suo ĩpio crudelissĩa subiugabit/ tres reges mortui ab ãtixp̃o videlz rex affrice/ rex egypti/ rex ethiopie Septem reges obedientes anticripsto

En francoys

En capharnaum regnera.
De son aage dadolescence
De pur or courõne sera
Par ses folz de son aliance.
Puis poʳ mõstrer sa puissãce
Trois roys crestiens tuera
Sept aultres par obeissance
Hommage prester leur fera.

Ciuitas. Ca,
Pharnaum.

Anticripstꝰ mortuos apparēter faciet resurgere / ⁊ ꝺ sua resurrectione anticripstum magnificare / Et hoc faciet arte magica quia demones ītra corpora ressuscitatorū intrabunt per quos demones dicent se esse ab ātícripsto ressuscitatos Et sicut in sanctos suos discipulos cristus spiritū sanctum in specie ignis fecit descendere varijs loqui ⁊ sanctis miraculis chorruscare ita pessimus anticripstus super discipulos suos damnatissimos spiritum malignum dyabolicū in specie ignis faciet descendere varijs loqui et falsis miraculis chorruscare Ut habetur Appocalipsis tredecimo capitulo Augustinus libro de ciuitate dei Franciscus de mayro. ī. xiiij. xx viij distictione questione secūda. Apud cristianos erit falsus cristianus et finget se virum ecclesiasticum / vt fortius decipiat diem dominicum in fauorem cristianoꝝ. Et diem sabbati in fauorem iudeorum faciet celebrari / de consecratione / distinctione / secundo capitulo. Peruenit.

¶ En francoys

¶ Faictemēt puis ressusciter
Fera mors et marcher sur terre
Fuyr beau tēps venir tōnerre
Foulдre tempeste inciter
et q̄ pis vauldra le faulx serre
Le feu sur luy fera descendre
Et sur ses apostatz grāt erre
Soy voulāt cōe dieu cōprēdre

Goght.
Mahoght.

CRistus venit hui
lissimꝰ Anticrip
stus veniet supbissimꝰ
Cristꝰ venit humiles ex
altare ⁊ pctõres iustifi-
care Antixp̃s huiles sã-
ctos cruciabit ⁊ interfi-
ciet/⁊ pctõres exaltabit
⁊ magnificabit Cristꝰ
gl'iaꝫ deo attribuit An
tixp̃s gl'iam suã ꝓpriã
queret.ij.ad tessal'.ij.c.
Nñ nisi venerit primũ
&c. Et extollet se supra
oẽ qd dicit deꝰ Et nulũ
patietur noiari neqꝫ a-
dorari deũ sup terrã ni
si seipsũ Imagines cru
cifixi sãctoꝝ sanctaꝝ qꝫ
oĩm penitꝰ destruet Et
ad se trahet multos ho-
mines quosdã vi ⁊ troꝛe
toꝛmentoꝝ Alios opa-
tiõe falsoꝝ miraculoꝛũ
alios pꝛomissione ⁊ do-
natiõe trenoꝝ Job .xlj.
ca. Sternet sibi aurum
quasi lutum Quia dya
bolꝰ reuelabit anticrip
sto oẽs thesauros abscõ
ditos. appocalipsis.xiij
capitulo. Seducet habi
tantes in terra ꝓpter si
gna q̃ data sũt illi Nã
anticripstꝰ ad cõfirma
tionẽ sue false ⁊ puerse
doctrĩe arte dyaboly ar
boꝛes subito floꝛere ⁊ su
bito arescẽe faciet Ima
gines loq̇ faciet : mare
turbari et supito tranq̃
lari. aquaꝝ oꝛdinẽ cur-
sum faciet ꝯuerti retroꝛ
sum Aera vẽtoꝝ cõmo
tionibus agitari ⁊ toni
trua et fulgura faciet
coꝛruscari

¶ En francoys

¶ Par faulses predications
Beaucoup de peuple seduyra
Doꝛ et dargent fera grãs dõs
Pourquoy chascun ṽs luy ira
Les ymages il destruira
Du crucifix ⁊ saictz ⁊ saictes
En vng moment secher fera
Arbꝛes / ⁊ flourir p ars faictes

Magister hystoriarū. Josephus libro antiq̄ta tis/⁊ alij doctores dicūt de pessimo anticripsto. Cum venerit ille pessimus anticripstus inter montes caspios in plaga septem trionali super occeanum mare facto tremotu magno cadentibus montibus super mōtes inter duo castra Gogth ⁊ Magogth insurgent cum exercitu pessimorū maximo/ita vt possent implere vigīti quattuor regna isti ā cripsti pessimo adiungentur virtute quorꝫ regnabūt. Et erit monarcha. idest imparator totius orbis superbissim⁹ Ezechielis tricesimo capitulo Et erit in die illa. Dabo Gogth et Magogth locū nominatuꝫ sepulcrum in israel vallem viatorum ad orientem maris que obstupefacere faciet pretereuntes. Et in eodem capitulo. Et vocabitur vallis multitudinis Gogth et Magogth Duo castra inter mōtes caspios ad mare occeanum. Et ex quibus exient Gogth ⁊ Magogth cum multitudine pessimorum.

¶ En francoys

¶ Lucifer fort separtera
Le dāne plain doultrecuydāce
Car mōt sur mont tōber fera
Par dyabolicque puissance
Gogth ⁊ magogth a sa creāce
Auec leur grant peuple traira
Parquoy aura obeissance
Sur tout prince q̄ lors viura.

Templum.psalamonis.Iherusale;

Anticripstus cõgregatis alijs iudeis q̃ erunt per orbẽ dispersi veniet in iherusalẽ Et in magna sua potestate ibi residebit ĩ triumpho et circũscidet seipsum dicẽs iudeis se esse verũ messiã in lege p̄missum/deum autẽ nostrum ihesum xp̄m cuz suis discipl'is dicet fuisse magum et incãtatorẽ Omẽs autẽ iudei vidẽtes anticripstum omni p̄speritate potentia signis clarescere/regesq̧ totius mundi suo imperio subiugare Ad lecti p̄missis et donis longo quidẽ errore decepti anticripstum tanq̃ veruz messiam in lege promissum recipient. et tanq̧ deum colent et adorabũt Appocolipsis xiij capitulo. Et adorabunt bestiam/idest anticripstum quorũ nomina non sunt scripta in libro vite agni Et ista eis bene predixit cristus scilicet iudeis Johãnis quito capitulo Ego veveni in nomine patris mei et non recepistis me Alius veniet.scilicet anticripstus ĩ nomine suo proprio Et illum recipietis scilicet vt messiaz et c

¶ En francoys

¶ Puis en iherusalem viendra
Le faulx desloyal seducteur
Du chascun iuif le adorera
Pour messias leur createur
Et adonc le traistre menteur
Luy mesmes se circunscira
Dor et dargent distribura
Jamais ne fut tel quil sera

Iheruſalem Templum . Pſalmonis.

Anticripst⁹ sataliteʃ suos maloʃ et discipulos suos pessimos sicut ip̄e erit per totum mundum destinabit. Et faciēt signa magna et miracula falsa eodemmodo pessimus anticripstus et multos decipient sicut bene predixit cristus Mathei vicesimoquarto capitulo Videte ne quis vos seducat: Multi enim venient in nomi͞e meo dicentes. Ego sum cristuʃ et multos seducent. Et quoniam habundabit iniquitas refrigescet caritas multorum. Et sequitur. Tunc qui in iudea sunt fugiāt ad mōtes. Et q̄ in tecto nō descendāt aliquid tollere de domo sua. Et qui in agro nō reuertatur tollere tunicam suam. Ve autem pregnantibus & nutrientibus in illis diebus. &c. Et tunc plangent se super omnes tribus terre &c. Si dixerit vobis. Eecce in deserto Ecce cristus siue messias. Nolite exire ad videndum. Si dixerint vobis. Ecce impenetrabilibus est. Nolite credere

En francois.

Cesditz apostatz p̄ le mōde
Commandera aller prescher
Lātecrist ou tout mal habōde
Pour crestiens bōs empescher
Mais il luy coustera biē chier

En enfer traine sera
Ou verra lors dyables empescher
Et cōbatre qui myeulx fera.

Templum. pſalamonis. Iheruſalem Ciuitas.

Beatus gregori⁹ tricesima secũda moral ait de pessimo anticripsto. Videndum est valde cuz behemoth ille scilicet anticripstus caudã suã quasi cedruz subleuat. In quo tũc atrocior quã ex vnq̃ erexerit surgat q̃ eum genera penaꝝ nouimus que non ille behemoth scilicet anticripst⁹ sceuiẽdo exercebit. Alios aũt improuiso ictu immersus gladi⁹ strabit. Alios armatos ferro isultãs vngula sparget. Alios crucis patibłlo affliget. Alios irsutis serra dentib⁹ attribit. Alios belupna rabies morsibus detrũcãdo ꝯminuet Alios ab intimis visceꝝ pcutere pressa vix verbeꝝ rũpet Alios effossa tra viuos oppiet. Alios diuersos i mortem pcipitũ frãget Alios edax flãma vsq ad cineres de pasta con sũmet. Et sequit Nunc autez fideles nostri miracula agũt dũ peruersa tormenta p cristo patiunt. Tunc autẽ behemoth hui⁹ pessimi anticristi satalites. Etiã dũ praua tormenta puerse inferẽt tortore miracula faciẽt in ꝯspectu martirum Danielis octauo capitulo. In copia rerũ occidet plurimos.

Ceulx q̃ ne voulsdrõt croire en luy
Et comme messias adorer
Beaucoup de tormẽt q̃ dẽmy
Leur fera par martiriser
Aux vngz fera les yeulx tirer
Lautre decoller lautre pendre
Vif enterrer / crucifier
Le corps serrer brusler en cẽdre

Templum. psalamonis. Iherusalem

Predicatores autem cristi an e ecclesie tace būt Uel timore tormentorum/ vel amore terrenorum: vel deceptione miraculorum. vel ignorātia sacrarum scripturarum. Sed tamen de toto tacebunt predicatores veritatis ad confutandū pessimum anticripstū. Et maxime mittentur helias et enoch sancti p̄phete in fauorem electorum. Appocalipsis vndecimo capitulp. Dabo duobus testibus meis et predicabunt et prophetabunt diebus mille ducentis et sexaginta. idest tribus annis cum dimidio. Hij sunt duo oliue et duo candelabra lucentia. etc. Hij habent potestatem claudēdi celum ne pluat. Et potestatez super aquas conuertendi eas in sanguinem. et percutere terram omni plaga quotienscū q̄ voluerint.

¶ En francoys.

¶ Et ce voyant dieu mādera
Deux saictz p̄phetes secourir
Tout crestien qui gardera
Et vouldra sa foy maintenir
Lun sainct enoch qui soustenir
La foy aux bons aydera
Lautre helyes q̄ pour mourir
De dieu prescher ne cessera.

Iherusalem. Tem= plum. psalamonis.

HElias & enoch
sancti ꝓphete
a pessimo an
ticripsto occi-
dent. Et gloriosuz mar
tyrum suscipiēt per tor
tores anticripsti in pla-
tea magna ciuitatis sā
cte iherusalez vbi domi
nus noster ihesus cristꝰ
illorum dominus et re-
demptor crucifixus est
Et per tres dies prohi-
bente anticripsto nō p̄-
mittentur corpora eo-
rum reponi ī sepulcris
Sed remanebunt ī pla
tea ciuitatis iherusalez
sed a beatis angelis cu-
stodientur Danielis oc
tauo capitulo. Et post
regnum eorum cuz cre-
uerint iniquitates con
surget rex imprudens.
scilicet anticripstus. &c.
Et roborabitur eiꝰ for-
titudo sed non in viri-
bus suis. Et supra quā
gredi potest vniuersa
vastabit interficiet ro-
bustos scilicet Helias et
Enoch. Et populū san
ctorum: et dirigetur in
manu eius. Appocali-
psis vndecimo capitu-
lo Et cum finierint te-
stimonium suuz bestia
que ascendit de abisso.
scilicet anticripstus vi-
cet illos & occidet eos.

¶ En francois.

¶ Dōt le traistre mastin chiē
Antecrist de dueil creuera
Le bourreau de iherusalem
Tantost vers soy venu sera
Qui les prophetes tuera
En la place de la cite
Dont fort venger se pensera
Estre par sa crudelte

Iherusalem. Templum. psalamonis.

Elias et Enoch sācti ꝓphete p⁹ tres dies vocante eos deo et domino nostro ihesu christo. Ascendite: Ascendite a mortuis resurgent et stabūt super pedes eorum coram omnibus vim loquentes et disputantes contra cristum confutātes et confundantes versutias et miracula falsa āticripsti pessimi et pseudo discipulorum ei⁹ cōfortātes cristianos et electos in fide catholica et cristiana. Appocalipsis undecimo capitło. Promittantes eis regnum celorum: dum tamē nō credāt in pessimum anticripstum. Appocalipsis undecimo capitulo.

Et post dies tres et dimidium in spiritus vite intrabit in eos Et steterūt super pedes suos/ et timor magnus cecidi super eos qui viderunt eos et c.

¶ En francoys

¶ Trois iours apres susciteront
Les benoistz sainctz de mort a vie.
Et devant tous assisteront
Promettans la gloire infinie
A ceulx qui ne croiront mye
En cest abuseur mais en dieu
Puis les anges a chiere lye
En paradis leur dourrōt lieu

Templum. psalamnis. Iherusalez.

Nticripstus ex p⁹ arte dyabolyfiget se mortuũ ⁊ apparabit mortu⁹ per incantationes tribus diebus et tertia die finget se resurgere a mortuis. Et quicunqꝫ dixerit euz esse falsum magum vel incantatorē morte grauissima punietur ab anticripsto. Ista aũt mors ⁊ ressuscitatio anticripsti magica erit falsa ⁊ diabolica ad deceptionez multorum circũmorantium in circuitu ⁊c. Et ad augendam vanam gloriam suam apparebit omni populo ⁊ falsa mendatia multa loquetur: ⁊ arte diaboli mirabilia ⁊ fantastica operabitur ad decipiendum mutos. ⁊c

¶ En francoys

Si voul dra lors faire pl⁹ fort
Le tresdesloyal abuseur
Trois tours ꝯtrefera le mort
Sans mouuoir ne membres ne cueur
Puis comme traistre abuseur
Faindra de mort ressusciter
Et qui dira que cest erreur
Tost pourra sa vie quitter.

D 2

Templum.pſalamonis.Iheruſalez.Ciuitas.

Antitripstus inimicus cristi attrocissimus circa finem trium annorũ cuȝ dimidio: postquam fal⸗sa predicatione populũ deceperit dyabolica si⸗gna ⁊ mirabilia fallaci⸗ter peregerit. In super⸗bia sua maxima volẽs imitari cristum quan⸗tum sibi permittetur a deo collocabit solum su⸗um in pupilione deau⸗rato et gemmis ornato in monte oliueti. Unde cristus veraciter ascen⸗dit ad celos celorum : et faciet se coli et adorari tanquam verum deum ⁊ verum messiam Et p dyabolos inuisibiliter deportabitur per aera: arte scilicet magica ⁊ di abolica secundo ad thes salonicenses secũdo ca⸗pitulo Quoniã nisi ve⸗nerit discentio primuȝ et reuelatus fuerit ho⸗mo peccati filius perdi⸗tionis qui aduersatur ⁊ extolit supra om̃e quod dicitur deus. Ostendẽs se tanquam sit deus. Nam ministeriuȝ ope⸗ratur iniquitatis ⁊c.

¶ En francoys

¶ Pour plus son orgueil sur⸗monter.
Sur le mont doliuet yra
De par ses dyables monter
Et porter en lair se fera
De ihesucrist contrefer.
La glorieuse ascension
Pensez que fort ladorera
La iudaicque nation.

Bethania.
Iherusalem.
Betfage
Torrens cedron.

S Exta autem
die vt dicunt
Ambrosius
iheronimus
alij doctores Postquā
e impijssimus anticri
stus occiderit marty
o precioso Heliam et
noch interficietur pes
ma morte crudelissi
mus anticripstus spi
itu oris ihesucristi. id
st precepto eius mini
terio eiꝰ archangeli mi
haelis Archāgelus au
em michael interficiet
pessimuz anticripstum
ministerio: cristus autē
auctoritate Daniel duo
decimo capitulo. Usqꝫ
quo finis horum mira
bilium scilicet anticrip
sti pessimi. Et respōdit
angelus & iurauit per vi
uentem in secula seculo
rum: quia post tempus
tempora & dimidium tē
poris secundo capitulo
Que cristus interficiet
spiritu oris eiꝰ et destru
et illustratione aduen
tus sui eum cuius est ad
uentus secundum ope
ratione sathane in om
nibus signis et prodigi
is mendacibus & in om
ni operatione iniquita
tis.

¶ En francoys

Lors mōseignr sainct michel
Archange prince de leglise
Le fera tost tomber du ciel
La sentence de dieu premise
Sans le toucher | mais en tel
guise
Que toꝰ les iuifz qui le verrōt
Lait deffait puant sans faitise
Tresgrande oreur en auront

Bethania.
Mons Oliueti.
Iherusalem.
Torrens cedron.
Betphage.

Et cadet anticripst⁹ corã omni populo precipi
tatus de alto in bassuz
ad radicem montis oli
ueti mortuus factus e
uisceratus ac fetiidissi
mus cunctis populis vi
dentibus et fugientib⁹
pre grauissimo fetore et
horribili timore quoni
am cunctis videntibus
precibitapit. Post mor
tem anticripsti quanto
tempore mundus dura
uit incertum est nobis.
sed deo soli notum Ue
runtamen secundũ p
phetiam Danielis duo
decimo capitulo. Admi
nus deceptis et seductis
per pessimũ ãticripstũ
dabuntur dies quadra
gintaquinqȝ ad peragẽ
dam penitẽtiam de pe
catis suis. Et in isto tẽ
pore iudei vidẽtes se cõ
fusos et deceptos per pes
simum anticripstũ con
uertentur ad fidem cri
sti Et erit completa illa
prophetia In diebus il
lis saluabitur iuda et is
rael habitabit confidẽ
ter etc. Iheremie vicesi
mo tertio capitulo.

En francois.

Insupportable punaise
De sa charongne partira
Du faulx antecrist qui sa vie
Auec lucifer conduyra
A tousiours pquoy maudira
Le iour et leure quil fut ne
Car dun tormẽt en lautre ira
Sans cesser le fol obstine

Be.phage
Bethania.
Monsoliueti.
Torrenscedron

Anticripstus autem pessimus hominum pessimorum ex precepto dei et domini nostri ihesu cristi proiicietur horribiliter cum corpore et anima cum suis discipulis pessimis et sequassibus in stangnum ignis eterni et infernalis ministerio omnium dyabolorum. Et in inferno in eternum cruciabuntur horribiliter et maledicent diem et horam in qua nati sunt. Appocalipsis duodecimo capitulo. Et proiectus est dracho ille magnus scilicet anticripstus qui seducebat gentes in stangnum ignis eterni Et cruciabuntur in secula seculorum vt habetur Isaye quattuor decimo capitulo. Infernus subter te conturbatus est in occursum aduentus tui. etc. Uniuersi respondebunt et dicent tibi. Et tu vulneratus es sicut et nos: nostri similis effectus es detracta es ad inferos superbia tua concidet cadauer tuum.

En francoys

Tous les dyables le viendront querre
Pour le porter a sepulture
Au fons denfer non pas en terre
Corps et ame cest sadroicture
Dix missions par auanture
De ses iuifz laccompaigneront
Dedens le feu qui tousiours dure
Dont iamais ne retourneront

Iherusalme.
Bethania.
Monsoliueti
Torrens cedron.

Et ex post quando placebit deo et domino nostro ihesu cristo: omnium creatori et redẽptori videbunt filiũ hominis idest dominum nostrũ ihesum cristum filiũ marie virginis venientem in nubibus celi cũ virtute et gloria: et tunc mittet ãgelos suos a quattuor vẽtis a summis terre vsq3 ad sũmum celi. Ut habetur marci. viii. capitulo. et mathei. xxiiii ca. Et mittet angelos cum tuba et voce magna. etc. Et omnes cum propriis corporib9 resurgent. et de suis peractis operib9 siue bonis siue malis rationem reddent. prima ad corinthios. xv. capitulo. Omnẽs quidem resurgemus. etc. Danielis. xii. capitulo. Omnes q̃dem resurgemus. etc. Et danielis duo decio cã. Et multi de his q̃ dormierũt ĩ terre puluere euigilabũt alii in vitã eterna m. alii in opprobriũ sempiternũ. Mathei xxiiii. cap. Bonis dicetur a xp̃o venite benedicti pr̃is mei possidete regnũ eternũ. etc. Malis autẽ dicetur Ite maledicti in ignẽ eternũ. Johel. iii. c. Congregabo oẽs gentes et ducã eas ĩ vallẽ iosaphat et diceptabo cum eis etc.

En francoys.

Apres ce nostre createur
Redempteur
Quant de son bon plaisir sera
Les quinze signes dont grand peur
Auront viuans lors mandera
Que tout ce mõde finer deura
Et puis fera
Tout corps humain ressuscite
Maitz anges de dieu sonnera
Et dira
Surgez mortz venez assister
A vostre dernier iugement
Droictement
Vostre sentence escouter
Que nostre sauueur ꝑpremẽt
Donra sans nul mesconter
Pẽsez q̃ lors fort redoubter
Et doubter
Deuera bien se poure pecheur
Voyant ãges et saintz trẽbler
Le iuste transira de peur
Pource chacun sa poure vie
Qui diffinie
Vueille de mal en biẽ tourner
Affin que la vierge marie
Prie son filz qne pardonner
Nous vueille
Et puis nous donner.
Sans finer
Par sa benoiste passion
Paradis ou puissons mener
Demener
En luy nostre exaltation.
Amen

¶ Cy ensuyuent les quinze signes precedens le iour du grāt iugement de dieu nostre createur

Le pmier desditz xv.signes precedens le iour du grāt iugement general sera q̄ la mer se esleuera.xl.coudez p dessus les pl⁹ haultes mōtaignes du mō (de.

Le.ii.signe sera q̄ la mer descendra en labisme cōcauite ꝛ pfunde de la terre si bas q̄ a peine la pourra lon veoir.

Le.iii.signe sera que les poissons ꝛ mōstres de la mer apparoistroot sur la mer en faisant moult grant cris.

Le.iiii.signe.sera q̄ la mer et toutes les eaues des autres riuieres ꝛ fleuues ardiont ꝛ brulleront en feu venant du ciel.

Le.v signe sera q̄ tous les arbres / herbes et buyssons suerōt gouttes vermeilles cōe sāg

Le.vi.signe sera tel que tous les edifices de dessus la terre cherront ꝛ trebuscherōt a terre

Le.vii.signe sera tel q̄ toutes les pierres se combattront lune contre lautre et se fendiōt lune contre lautre en plusieurs parties.

le.viii.signe sera vng general tremblement de terre leq̄ sera vniuersellement partout le monde ꝛ sera si grant que hōmes ne femmes ne bestes ne se pourront soustenir sur les piez

Le.ix.signe sera que toutes les montaigne qui sont sur la terre seront anichillees et sera toute la terre egalle ꝛ vnie.

Le.x.signe sera q̄ tous les hōmes ꝛ femmes lesq̄lz sestoient mys ꝛ mucez dedens les cauernes ꝛ dessoubz terre sortirōt esbahys ꝛ estonnez ꝛ sans parler

Le.xi.signe sera que les os des mors lesq̄lz seront es sepulcres ꝛ tombeaulx se leueront ꝛ se mettront sur lesditz sepulcres ꝛ tombeaulx.

Le.xii.signe sera q̄ les estoilles tomberont du ciel ꝛ toutes les bestes seront sans māger.

¶ Le.xiii.signe sera que tous les hōmes femmes et enfans lors viuās sur terre mourront

Le.xiiii.signe sera du feu q̄ brullera le ciel et la terre ꝛ gn̄allement tout ce q̄ sera sur terre.

¶ Le.xv.ꝛ dernier signe sera q̄ tous hōmes ꝛ fēmes trespassez ressusceteront ꝛ se leueront pour venir au grant iugemēt general de dieu.auq̄l iugemēt le vray dieu nous vueille estre doulx ꝛ amyable.ꝛ a sa droicte main loger Amen.

Michel. Lenoir.

www.ingramcontent.com/pod-product-compliance
Ingram Content Group UK Ltd.
Pitfield, Milton Keynes, MK11 3LW, UK
UKHW012303240726
13966UKWH00004B/1592

9 782011 943354